AF456306

PANÉGYRIQUE

DE

SAINT MARTIN

PRONONCÉ DANS LA CATHÉDRALE DE TOURS

LE 14 NOVEMBRE 1886

PAR MONSEIGNEUR BESSON

ÉVÊQUE DE NIMES, UZÈS ET ALAIS

Se vend pour la reconstruction de la basilique de Saint-Martin

---

TOURS

CHEZ LES PRINCIPAUX LIBRAIRES

ET AU TOMBEAU DE SAINT MARTIN

1886

O beatum virum, cujus anima paradisum possidet: unde exultant angeli, lætantur archangeli, chorus sanctorum proclamat, turba virginum invitat: Mane nobiscum in æternum.

Heureux le saint dont l'âme entre en possession du paradis. Les anges tressaillent d'allégresse, les archanges triomphent, tous les chœurs célestes proclament sa gloire, et la foule des vierges l'accueille en lui disant : Demeure avec nous pour l'éternité.

(Ces paroles sont tirées de l'office de S. Martin, antienne des Ires Vêpres.)

MESSEIGNEURS [1],

Il y a bientôt quinze siècles, saint Martin quittait la terre, et son âme allait prendre possession du ciel. Tous les bienheureux se lèvent et se portent à sa rencontre : les moines se mêlent aux pontifes, les vierges aux martyrs, et les neuf chœurs des anges donnent, en se répondant d'un bout à l'autre des sphères éternelles, le signal de la joie, de l'enthousiasme et des sacrés ravissements. Martin est placé à la tête des pontifes, mais Jésus-Christ l'élève plus haut encore : il le fait asseoir, à peine au-dessous des douze apôtres, sur un siège rayonnant de clarté, et de tous les points de la lumière et de la gloire s'élèvent mille et mille voix pour lui dire : « Demeure avec nous pour l'éternité : » *Mane nobiscum in æternum.*

Nous venons, après quinze siècles, vous redire du haut de cette chaire cette antienne du Paradis. Mais je ne sais quel souffle nouveau la fait passer, plus étincelante que jamais, sur

[1] Mgr MEIGNAN, archevêque de Tours, NN. SS. BÉCEL, évêque de Vannes, LE COQ, évêque de Nantes, ARDIN, évêque de La Rochelle, LABOURÉ, évêque du Mans.

les lèvres du clergé et du peuple. Les grands jours du moyen âge sont revenus avec leur foi populaire, leur immense concours, leurs prières ardentes, leur ferme espoir de nouvelles grâces et de nouveaux bienfaits. Voici le vénérable successeur de saint Martin rapportant de Rome, avec les paroles les plus encourageantes pour son ministère, les bénédictions du Père commun des fidèles pour les pèlerins venus au saint tombeau. Ses frères dans l'épiscopat l'entourent comme d'une couronne d'honneur; les Églises de Nantes, de Vannes, de La Rochelle, de Nîmes et du Mans sont représentées par leurs pontifes dans cette assemblée sainte. Voici les abbés à côté des évêques; l'antique chapitre de Tours tressaille et se rajeunit dans l'expression des divines louanges; tout le clergé est dans la joie, tout le peuple la partage, et pendant que l'Église du Ciel redit à Martin : *Mane nobiscum in æternum* : « Demeure avec nous pour l'éternité, » l'Église de la terre, se tournant vers ses reliques et son tombeau, dit au saint thaumaturge : « Vous êtes notre héritage, notre gloire, notre espérance; vous serez notre part jusqu'à la fin des siècles : » *Mane nobiscum.*

Pourquoi les anges et les saints ont-ils accueilli saint Martin dans les cieux avec tant de magnificence et de joie? Écoutez-le : c'est un soldat, c'est un moine, c'est un évêque, c'est un apôtre; mais quelque habit qu'il porte, en quelque lieu qu'il se trouve, le miracle a partout signalé sa présence, confirmé sa doctrine, et fait reconnaître la divinité de Jésus-Christ.

Pourquoi son tombeau est-il devenu si sacré à la chrétienté tout entière? Les reliques qui l'ont habité sont devenues la proie de l'hérésie, et il en reste à peine quelques débris; les pierres qui ont scellé cette tombe ont été dispersées; la basilique où elle avait été déposée a péri trois ou quatre fois. N'importe, la tombe de saint Martin est encore féconde en miracles. Vivant ou mort, sur la terre ou dans le ciel, Martin est encore avec nous, et les hommes comme les anges sont exaucés quand ils lui disent : *Mane nobiscum.*

Telle est l'histoire de saint Martin, tel doit être son panégyrique. C'est par la rapide simplicité d'un récit fidèle que j'essayerai de répondre à votre attente, en vous retraçant quinze siècles de prodiges et de bienfaits. La double vie de saint Martin est comme l'apologie permanente du christianisme; mais cette apologie appartient aux annales mêmes de la France. A ce double titre, vous l'écouterez avec l'attention, le respect et la reconnaissance que commande aux fils la gloire de leur père, et nous nous écrierons d'une commune voix : « O Martin, priez pour l'Église, priez pour la patrie, priez pour cette cité : » *Sancte Martine, ora pro nobis.*

I

Après trois siècles de persécution, la croix victorieuse sortait du monde inondé par le sang des martyrs, comme le soleil sort des ombres de la nuit. Des bords du Rhin où elle s'était levée, elle mena Constantin jusqu'aux portes de Rome, lui donna la victoire sur Maxence, l'éleva à l'empire, et assura la paix à tout l'univers. Ce n'était pas seulement la paix, mais la gloire, avec toutes les palmes de l'histoire, de l'éloquence et de la poésie. La langue grecque refleurit sur les lèvres des Basile, des Grégoire de Nazianze, des Chrysostome; on croit entendre Homère et Démosthène. La langue latine a ses Ambroise, ses Jérôme et ses Augustin, qui égalent Cicéron par le génie et qui le dépassent par la doctrine de toute la hauteur qui sépare l'erreur de la vérité. C'est le siècle des grands poètes et des grands orateurs chrétiens; c'est, avec les siècles d'Auguste et de Périclès chez les anciens, de Léon X et de Louis le Grand chez les modernes, celui qui a fait le plus d'honneur à l'humanité.

Ajoutons sans crainte d'être démenti par l'histoire : c'est aussi le siècle des grandes conversions, car les Gaules jusque-là incertaines vont passer définitivement des ténèbres du paganisme à la lumière de l'Évangile, et de la corruption de tous les vices à la pratique de toutes les vertus. Voici l'homme qui opérera ce grand miracle. Quatre mots suffisent à son éloge : il a la charité du soldat, l'austérité du moine, la vigilance de l'évêque, le zèle de l'apôtre. Sous ces titres divers, il a rempli tout son siècle ; il l'a comblé de ses bienfaits, il l'a étonné par ses prodiges, il l'a mené et enchaîné aux pieds de Jésus-Christ. Ce siècle mérite de porter son nom : appelons-le donc le siècle de saint Martin.

La Pannonie fut le berceau de ce héros chrétien, et la profession des armes son premier état. Martin était le fils d'un vétéran qui avait conquis ses grades dans les légions, et qui était retourné dans sa terre natale pour y goûter le repos dû à ses campagnes. Le nom qu'on lui donne est tout païen : « Il sera un jour un petit Mars, » disait son père. Son père ne se trompe pas. Mais laissez-le croître; sous ce nom qui appartient à la religion des faux dieux, il deviendra le champion du Dieu véritable : *Bellator Christi.*

C'est à Pavie qu'il est élevé. Là son père l'amène à l'âge de sept ans, en prenant possession d'une terre dont Constantin, vainqueur de Licinius, a voulu doter ce vétéran en souvenir de ses services. Il allait, sans le savoir, doter l'Église d'un grand saint, et les Gaules d'un grand apôtre. L'Italie, arrosée par le sang des martyrs, se couvrait de monuments chrétiens. Pavie étalait au grand jour la pompe de l'Église affranchie ; l'évêque prêchait librement la doctrine du Christ, et ses prêtres allaient recruter pour l'entendre des catéchumènes qui mettaient des années à conquérir la robe blanche du baptême. Martin vient trouver l'évêque; il l'écoute, il compte parmi les plus assidus de son auditoire, il se fait inscrire et enrôler parmi les conscrits du Seigneur.

Mais son père avait rêvé pour lui une autre milice. Il le dénonce aux agents du recrutement; on le saisit, on le charge de chaînes, on le conduit en prison, on l'y abandonne jusqu'à ce qu'il ait consenti à endosser l'uniforme militaire. Lève-toi, Martin, n'hésite pas, revêts la chlamyde et va suivre les Césars. Le Christ sait que tu lui appartiens, et que ton cœur ne bat plus que pour lui. Va, sois soldat; c'est sous le manteau de soldat que ton nom t'immortalisera au ciel et sur la terre. Ce manteau, un pauvre l'attend; le Christ le revêtira lui-même pour apparaître à tes regards et te récompenser par un premier miracle.

Il s'enrôle donc dans la légion, il part pour les Gaules, et c'est dans les murs d'Amiens qu'il tient garnison. Un serviteur l'accompagne; mais, bien loin de l'humilier, il lui rend à tour de rôle les services qu'il reçoit de lui, nettoyant ses chaussures, le faisant manger à sa table, et le servant plus souvent encore qu'il n'est servi par lui. Sa bonté, sa patience, sa modestie sont au-dessus de tout éloge. On s'étonne; les uns le raillent, d'autres l'admirent. Est-ce donc là un soldat? Oui, c'est un soldat, mais un soldat qui attend le baptême et qui déjà l'a mille fois mérité. Mais il va le mériter mieux encore. Un matin, en plein hiver, dans l'hiver le plus rigoureux du siècle, il rencontre aux portes d'Amiens un malheureux à demi nu qui tremble de froid. Il s'est déjà dépouillé de tous ses vêtements intérieurs, il ne lui reste que sa chlamyde. Eh bien! il n'hésite pas, et, tirant son glaive, il en fait deux morceaux, jette l'un au mendiant, se couvre de l'autre et regagne sa demeure, aussi insensible aux éloges qu'aux railleries qui partagent les sentiments de la multitude assemblée autour de lui. O jour glorieux pour le soldat! ô nuit plus glorieuse encore! A peine s'est-il endormi, que Jésus-Christ lui apparaît en songe, vêtu de cette moitié de manteau qu'il a jetée sur les épaules d'un inconnu : « Regarde, lui dit-il, voilà ta chlamyde; » et, s'adressant aux anges qui l'environnent, il prononce à haute voix ces paroles : « Martin, encore catéchumène, m'a revêtu de cet habit. » Quelle apparition! quel miracle! Martin n'est encore que catéchumène, et il est déjà récompensé par des prodiges. Mais quelle charité et quelle perfection! Jésus avait dit à ses disciples de ne posséder qu'un seul vêtement. C'est encore trop pour le soldat. Le soldat partage avec le pauvre le seul vêtement qu'il possède. Ainsi les Gaules sont élevées d'un seul coup, par cet exemple, au sommet de la perfection évangélique. Cet exemple, c'est un soldat qui le donne. O Martin! à quelle école de générosité, d'abnégation et de sacrifices vas-tu mettre les soldats qui naîtront dans ces lieux devenus ta patrie! O France! je sens tes entrailles palpiter et tressaillir, tu seras la terre des braves, la terre des croisés, la terre de saint Louis et de saint Vincent de Paul! C'est sous le manteau de saint Martin qu'elle va naître, croître et grandir de siècle en siècle, sans cesser d'enfanter dans les deux sexes, et pour le service des deux mondes, les héros du courage, de l'aumône et de la charité.

Ai-je besoin de vous dire que le catéchumène qui s'était ainsi dépouillé de sa chlamyde ne tarda pas à revêtir la robe blanche du baptisé? La ville d'Amiens, qui fut aux fêtes de Pâques le témoin de cette cérémonie, perdit bientôt son glorieux néophyte. Martin demande son congé, car il brûlait d'embrasser la vie religieuse pour laquelle il était né. Mais l'armée à laquelle il appartenait se dirigeait vers le Rhin, menacé par les ennemis de l'empire. Constant veut le voir, et la demande qu'il lui fait de quitter l'armée est traitée de lâcheté et de rébellion. Martin ne s'émeut pas. C'était la veille d'une bataille. Il obtient qu'on le mette en face des Germains, debout, sans armes, en avant de l'armée. Là, muni du signe de la croix au lieu de casque et de bouclier, il pénétrera sans peur dans les rangs ennemis. L'empereur accepte, et le soldat s'avance. O prodige! les barbares mettent bas les armes et se rendent à discrétion. C'est la victoire de la prière et de la foi. Qu'ont-ils donc vu, ces barbares, dans l'ambassade pacifique dont s'est chargé le soldat d'Amiens? Admirez la profondeur des desseins de Dieu. Ces barbares sont des Francs qui doivent partager les Gaules avec les Romains. Ces Francs, qui reculent sans savoir pourquoi devant ce légionnaire désarmé, ont entrevu je ne sais quel signe divin sur son visage. Ce sont les aïeux des Clovis, des Clotaire et des Dagobert, qui couvriront un jour de présents le tombeau de ce soldat, inconnu alors, mais déjà marqué par la main de Dieu pour tenir dans le monde une place glorieuse. Aujourd'hui c'est un soldat obscur qui veut se faire moine, demain ce moine sera le grand évêque de Tours et le grand apôtre de toutes les Gaules.

Constant avait permis à Martin de se retirer de la milice et d'obéir à sa vocation. Saint Maximin de Trèves l'accueille comme un père, l'initie à la vie religieuse, et lui procure l'insigne honneur de converser avec saint Athanase, qui venait d'être exilé en Occident pour la foi de Nicée. Une autre grâce l'attendait dans la compagnie de ces saints personnages. Il fit avec eux le voyage de Rome et rentra dans les Gaules pour aller saluer à

Poitiers un autre héros de la foi, saint Hilaire, qui était destiné à l'exil comme saint Athanase, et que sa parole entraînante faisait appeler le « Rhône de l'éloquence chrétienne ». C'est là qu'il se forme aux vertus du cloître, c'est de là qu'il sort un moment pour aller visiter sa famille, convertir sa mère et répandre parmi ses compatriotes de la Pannonie la lumière de l'Évangile. Ses voyages sont semés de prodiges. Des voleurs l'arrêtent, et l'un d'eux, brandissant sa hache, s'apprête à lui couper la tête. Mais quoi! ce bras meurtrier demeure en l'air, subitement arrêté par le camarade du brigand. On se ravise, on l'enchaîne, on le confie à la garde d'un troisième. « Je suis chrétien, dit-il à son geôlier. — Mais quoi! tu n'as pas peur? — Je n'ai jamais été si tranquille; mais c'est pour vous que j'ai peur, car vous vous rendez indigne de miséricorde par le métier que vous faites. » Et là-dessus, il se met à discuter avec le bandit, lui explique l'Évangile et entreprend de le convertir. Le voleur s'étonne, écoute, finit par se rendre, délivre son prisonnier et le met dans son chemin. Ailleurs c'est le démon qu'il rencontre, et le démon disparaît sur un signe de croix du voyageur. Le démon lui déclare qu'il le suivra partout et qu'il contrariera tous ses desseins. Le démon se venge tantôt en le faisant battre de verges dans les villes où il prêche la vraie foi, tantôt en l'obligeant de quitter Milan, où il voulait fonder un monastère. Martin cherche alors quelque terre reculée où il puisse vivre ignoré des hommes; mais, semblable à la colombe sortie de l'arche, il ne trouve nulle part où poser son pied : Dieu le rappelle dans les Gaules, c'est dans les Gaules qu'il doit fixer son séjour, c'est là qu'il doit fonder un monastère, c'est là que le moine doit mettre au monde une légion de moines pour prêcher, civiliser et convertir sa patrie d'adoption.

Il revint donc auprès de saint Hilaire, et il bâtit à quelques lieues de Poitiers le premier cloître des Gaules, le cloître de Ligugé. Cependant le premier fondateur de nos monastères n'est pas un ermite. Il n'habite sa cellule que pour y répandre les larmes de son austérité; mais, quand il s'est fortifié contre le démon par la pénitence, il part, entouré de ses clercs, et se met à évangéliser toute la contrée. Il vient d'être élevé par Hilaire à la dignité de prêtre, et la grâce du sacerdoce se trahit déjà par des miracles. Vous rappellerai-je ces deux résurrections qui ont fait de ce moine un si grand thaumaturge? C'est d'abord un de ses catéchumènes qu'il retrouve mort, en rentrant à Ligugé après trois jours d'absence. Il se jette à genoux devant le cadavre, il prie, il fixe les yeux sur son visage, et, redoublant de ferveur, il attend sans trembler l'effet de la miséricorde céleste. O prodige! le cadavre se ranime, le mort se lève; il parle, il raconte qu'il venait de comparaître au tribunal de Dieu et qu'il allait être exilé dans des lieux obscurs, quand deux anges représentèrent au souverain Juge que c'était le catéchumène pour qui Martin priait. Les anges reçoivent l'ordre de le ramener sur la terre et de le rendre à son intercesseur. Jugez avec quelle foi il reçut le baptême, et comme il en garda toute sa vie la précieuse innocence. Après ce miracle opéré sous les yeux de ses moines, Martin en opère un autre sous les yeux de la foule. Des cris de douleur l'appellent dans la demeure d'un riche, où on pleure la mort d'un pauvre serviteur qui vient de s'arracher la vie dans un mouvement de désespoir. Martin s'approche de lui comme Jésus s'était approché de la fille de Jaïre, il se penche sur le mort, le visage reprend sa couleur, les yeux s'ouvrent, les mains font un mouvement; le serviteur a aperçu son libérateur, il lui tend les bras, il apparaît debout à ses côtés sur le seuil de la maison, et tout le peuple salue ce moine qui passe en faisant le bien, ce moine qui ressuscite les morts. Ainsi le moine est plus admirable encore que le soldat; ainsi les miracles qui ont commencé sous la tente militaire se continuent dans la cellule. Martin, quelque habit qu'il porte, sera le plus grand thaumaturge de son siècle.

Le temps était venu où il lui fallut quitter son monastère et accepter l'épiscopat. Saint Hilaire était mort, le siège du grand docteur semblait l'attendre, et l'on pourrait s'étonner que le suffrage populaire ne l'y eût pas appelé d'une voix unanime, si l'on ne savait pas comme il excellait à se faire oublier, presque dans l'éclat de ses miracles. Mais la gloire d'Hilaire ne suffit-elle pas au siège de Poitiers? Laissez le siège de Tours se revêtir de la gloire de Martin. Que ne firent pas vos ancêtres pour l'attirer et le fixer chez eux! C'est par une pieuse ruse qu'ils le déterminèrent à quitter son monastère, lui persuadant qu'un malade l'attend dans votre ville. C'était votre ville tout entière qui l'attendait pour mettre fin à son veuvage. Martin vient sans défiance; mais il trouve tout le long de la route des troupes d'hommes, de femmes qui l'abordent, le cernent, l'enveloppent, le portent, étourdi et confus, jusqu'au trône épiscopal. « Martin sera notre évêque! » s'écrie toute la foule. Il est élu comme Ambroise le fut à Milan. On ouvre le psautier, et le premier verset qui tombe sous les yeux du lecteur semble confirmer l'élection de Martin : *Ex ore infantium et lactentium perfecisti laudem :* « De la bouche des enfants et de ceux qui sont encore à la mamelle, vous avez, Seigneur, tiré gloire contre vos adversaires. » A ce mot, il ne reste plus dans l'assemblée un seul opposant à la gloire du Seigneur. Le peuple entier renouvelle ses acclamations : « Martin évêque! Martin évêque! » Les pontifes, jusque-là incertains, ne doutent plus de la volonté de Dieu. Martin est sacré évêque de Tours.

Le voilà devenu le défenseur de la cité, et il faut qu'il unisse désormais à la charité du soldat et à l'austérité du moine toute la vigilance de l'évêque. L'épiscopat était alors une magistrature à la fois civile et ecclésiastique, dont le sublime exercice pouvait seul assurer le repos de l'empire. La volonté des empereurs, le suffrage du peuple, la malice des temps, le trouble des affaires publiques, tout faisait de Martin l'avocat des pauvres auprès des riches et des faibles auprès des puissants. Il sera désormais, dans sa vigilance, la providence même de son peuple et l'ambassadeur de la paix. Mais il ne quittera pas sa robe de bure, sa table demeurera pauvre, ses meubles plus pauvres encore, et, quand la cellule qu'il s'est bâtie à la porte de son église lui semblera encore trop près du monde, il ira se bâtir à Marmoutiers une cabane plus pauvre que tout le reste, où il vivra avec ses clercs dans toutes les pratiques de la perfection chrétienne. Marmoutiers n'est pas seulement un monastère, c'est une école. Les belles-lettres, les arts, la connaissance de l'antiquité, tout ce qui forme l'esprit, tout ce qui élève le cœur accrédite ce grand nom. Les disciples de Martin fonderont à leur tour des abbayes fameuses, et les peuples viendront chercher parmi eux leurs évêques et leurs conducteurs.

Cependant, du fond de sa cellule, l'évêque de Tours commence à ordonner son vaste diocèse. Il fonde des paroisses rurales et établit pour les desservir un prêtre qui veille, à côté de l'église, sur le troupeau confié à ses soins. Comme on lui doit le premier monastère des Gaules, on lui doit aussi, dans les Gaules, les premières paroisses et les premiers curés. Les tournées pastorales commencent; s'il n'en donne pas le premier l'exemple dans la catholicité, on ne saurait nier que l'émulation excitée par ses visites n'ait contribué à les rendre plus fréquentes et plus régulières. Il allait donc, suivi de ses clercs, soit à pied, soit monté sur une ânesse, faire les fonctions sacrées dans les temples fondés par ses soins. Ses vêtements grossiers lui valaient le long de son chemin des injures et des mépris. Mais qu'on y prenne garde; si on ne reconnaît pas l'évêque, on reconnaîtra bientôt le thaumaturge. Ici ce sont des soldats qui le raillent et qui le maltraitent, sous prétexte qu'il effraye les mules attelées au chariot du fisc; on le relève tout sanglant, mais les mules refusent de marcher et demeurent immobiles. Quelle est donc la puissance qui les retient? C'est le grand évêque. On se précipite à ses genoux, on implore son pardon, on l'obtient, et, sur un signe qu'il donne, tout l'équipage se remet en marche. Là, c'est un incendie qui éclate dans l'humble cabane où il prenait son repos. Déjà ses vêtements sont atteints, mais il se jette à genoux, les flammes s'écartent, et il sort triomphant de la fournaise. Il évoque les morts, et les morts lui répondent. Ainsi, quand il se met à la recherche du tombeau de saint Gatien, qui fut le premier évêque de Tours, arrivé devant une pierre obscure, il interpelle le défunt, il s'écrie : « Homme de Dieu, donne-moi ta bénédiction! » Et Gatien lui répond du fond de sa tombe : « Toi aussi, bénis-moi, je te prie, serviteur du Seigneur. »

Que n'avons-nous le temps de le peindre allant à Saint-Maurice d'Agaune chercher les reliques de la légion Thébaine, et, à défaut des ossements qu'on lui refuse, faisant jaillir d'une seule prière le sang des martyrs du fond de cette terre qui l'avait bu à grands flots et qui le rendait sans contestation à un saint si digne de le recevoir? Saint Ambroise ne pouvait rien lui refuser. Il lui fait une large part dans les reliques des saints Gervais et Protais, et l'Église de Tours s'enrichit plus qu'aucune autre de ces sacrées dépouilles.

Telle est l'édification que porte avec lui l'évêque de Tours. Ce n'est plus à son diocèse, mais à sa province qu'elle s'étend; car, de son vivant même, Tours est devenu le siège d'une métropole. Il étend sa suprématie sur l'Anjou et sur le Maine, allant sacrer à Angers saint Maurille, enterrer au Mans saint Liboire et lui donner saint Victor pour successeur. Mais si la juridiction de l'évêque de Tours se borne à une province, son influence ne connaît pas d'autres limites que celles de l'empire. Les grands le redoutent, les empereurs voudraient en faire leur conseiller, les princesses le servent et recueillent comme des reliques les miettes qui tombent de sa table frugale. L'empereur Valentinien le comble des marques de son affection. L'empereur Maxime, partagé entre les sentiments les plus divers, tantôt le traite comme un ennemi, tantôt l'honore comme un fils. C'est à sa table que Martin, après avoir reçu la coupe du festin, y trempe à peine ses lèvres, et, au lieu de l'offrir à l'empereur comme le voulait l'étiquette, la donne à un prêtre, pour attester combien le sacerdoce est au-dessus de toutes les dignités de ce monde.

Je ne raconterai point comment Martin intervint auprès de Maxime dans les affaires des priscillianistes. C'étaient des hérétiques dont la doctrine, empruntée aux manichéens, avait troublé l'Espagne et poussé aux dernières extrémités deux évêques de la péninsule, Ithace et Idace, qui eurent le tort d'en appeler à l'empereur et de réclamer de sa puissance les derniers supplices contre leurs peuples. Bientôt Ithace, dans l'excès de son zèle, devint aussi dangereux que Priscillien dans l'excès de son orgueil. Avec son esprit droit, son noble cœur, son éloquence chaleureuse, Martin est accusé par les deux partis qui se disputent, à force de bassesses, les bonnes grâces de l'empereur. Mais l'évêque de Tours ne connaît que la charité et ne souhaite que la paix. Il vient à Trèves, il conjure Maxime de ne pas noyer dans des flots de sang cette Église d'Espagne, à demi égarée par l'hérésie; il cherche à éclairer Ithace, il s'expose à ses reproches, et, pour le satisfaire, il ira jusqu'à communiquer avec lui dans les choses saintes, malgré le désaveu que l'Église a fait de sa conduite. La paix, la douceur, la clémence parlent par sa bouche. Eût-il erré un moment, c'est à force de pardonner et d'aimer; c'est pour avoir voulu ramener ceux qui s'égarent et conjurer les rigueurs de l'empereur qui s'égare avec eux. Cette communion d'une heure avec Ithace le trouble autant qu'elle l'a surpris ; mais si sa vigilance a été une seule fois mise en défaut, qu'il se console : voici que Dieu lui envoie un ange pour essuyer ses larmes. Martin veut désormais s'éloigner des conciles, car il craint que ses paroles y soient mal interprétées et qu'on ne surprenne encore sa bonne foi. Il saura cependant ce qui se passe dans ces grandes assemblées. On l'attend à Nîmes, il refuse de s'y rendre. Mais regardez-le, pensif et recueilli, sur cette barque qui traverse le Rhône!... Ses compagnons n'osent troubler son ravissement. Un ange invisible était auprès de lui et lui racontait ce qui se disait le jour même au concile de Nîmes. Ainsi le vigilant évêque est consolé et instruit par les anges eux-mêmes, parce que l'esprit de l'Évangile ne cesse pas de l'animer. Martin est le modèle du bon pasteur, et, dans un siècle où l'épiscopat compte tant de saints et de modèles, il y a je ne sais quelle lumière qui le signale parmi tous les autres pour la fermeté de sa conduite devant les empereurs et la persévérance héroïque de sa charité envers tous les chrétiens.

Quelque grand que soit le rôle de l'évêque, celui d'apôtre est plus grand encore. Après la charité du soldat, l'austérité du moine, la vigilance de l'évêque, écoutez jusqu'où alla le zèle de l'apôtre. L'évêque de Tours fut, par excellence, l'apôtre des Gaules. Chaque Église avait le sien : saint Maximien, à Aix; saint Martial, à Limoges; saint Trophime, à Arles; saint Lazare, à Marseille; saint Saturnin, à Toulouse; dans le Nord, saint Epvre, saint Waast et saint Rémi; saint Denis, à Paris; saint Bénigne, à Dijon; les Ferréol et les Feyeux, à Besançon, et, parmi cette troupe apostolique, les Irénée, les Pothin, qui ont élevé si haut la gloire de l'Église de Lyon et qui ont fait la primatiale des Gaules; mais le titre d'apôtre des Gaules n'appartient qu'à saint Martin. Voyez comme il passe du couchant à l'aurore et du nord au midi, partant, comme d'un centre, de cette noble Église de Tours, d'où il jette ses regards d'un bout à l'autre de cette grande nation qui va devenir la France. Les aigles ne sont pas plus rapides dans leur vol, et l'on se demande qui lui donna des ailes pour aller prêcher presque en même temps à Trèves, à Chartres, à Paris, dans la Bretagne et dans l'Aquitaine, au pied des Alpes et au pied des Pyrénées. Quand, sept cents ans avant Jésus-Christ, le prophète voyait en extase les conquêtes futures de l'Évangile, n'est-ce pas Martin qu'il a salué d'avance entre tous les apôtres, en s'écriant : « Qu'ils sont beaux les pieds de ceux qui apportent la paix et qui évangélisent le salut ! » Il pénètre chez les Éduens et chez les Séquanais, descend la Loire, remonte la Garonne, évangélise la vieille cité de Vienne, et, tantôt franchissant les hauteurs, tantôt s'arrêtant à l'entrée des villes ou au fond de quelque grotte sauvage, il appelle, il groupe les multitudes, il les attache à ses lèvres par sa parole et les retient sur ses pas par ses miracles. Dix fois il est monté ou descendu le long du Rhin jusqu'à la mer du Nord, le long du Rhône jusqu'à la mer Méditerranée, et ces chemins qui marchent, comme disaient les anciens, étaient le théâtre de ses exploits. Plus majestueux que le Rhin, plus rapide que le Rhône, il fait tomber le long de leurs rivages tous les faux dieux sur leurs autels, et les peuples qui les adoraient les ont brûlés cent ans avant Clovis et avant saint Rémi, en demandant le baptême; et ces deux grands fleuves, bénis par saint Martin, ont régénéré dans leurs flots l'Allemagne, la Suisse et les Gaules.

Tous les miracles qu'ont opérés les apôtres, Martin les opère, et de plus grands encore, selon la promesse que le Seigneur avait faite : *Et majora horum faciet.* Les possédés sont guéris, les aveugles voient, les sourds entendent, les morts ressuscitent. Il donne aux lépreux le baiser de la charité, et sous ce baiser apostolique la chair malade refleurit dans toute sa beauté. Un peu d'huile qu'il a bénite lui suffit pour rendre la santé aux malades les plus désespérés. Un signe, un mot, un geste, un rien, l'acte seul de sa volonté fait changer de face à toute la nature. Les oiseaux, les poissons, les animaux lui obéissent. Il laisse son nom à l'oiseau qui vole sur les fleuves, en témoignage de la soumission avec laquelle il a reçu ses ordres; il appelle les serpents, et il les renvoie; il étend la main sur une coupe empoisonnée, et la coupe se brise. Les tempêtes s'apaisent sous ses pieds, le ciel s'éclaircit sur sa tête, tous les éléments le reconnaissent pour leur maître : il est devenu le maître du monde. Quel est donc celui à qui les vents, les flots et les cieux obéissent? *Qualis est hic quia venti et mare obediunt ei?*

Devant une telle puissance, ni les hommes ni les démons n'osent résister; aussi les fruits de son apostolat éclatent partout. Il est l'apôtre des villes, et il les arrache aux ariens, qui régnaient par leur subtile corruption sur les esprits curieux et les cœurs ennuyés de la simplicité de l'Évangile; mais il est surtout l'apôtre des campagnes, et il va déracinant, de province en province, les arbres que la superstition vénère et les idoles auxquelles on ne cesse d'offrir un encens sacrilège. Les campagnes des Gaules étaient encore pleines de ces monuments païens. Le culte ancien des druides n'y avait point cessé, et les divinités de la Grèce et de Rome avaient partout des temples et des autels à côté des pins et des chênes où l'on recueillait avec la serpe d'or le gui qui servait de feston aux pierres consacrées. Ce n'était ni une parole savante ni même une vie pleine de mérites qui pouvait triompher de tant d'ignorance; il y fallait des miracles, des miracles populaires, décisifs, qui frappent les yeux et ne souffrent pas de réplique. Martin en avait le don, témoin cet arbre fameux que les Éduens entouraient de leur vénération. « Nous croirons en toi, disaiens-ils à l'apôtre, si tu veux te mettre à genoux sous cet arbre sacré, pendant que nous l'abattrons sur ta tête. » Martin s'agenouille, et la hache commence son ouvrage. L'arbre penche, il penche plus bas encore, il enveloppe le saint de ses branches, et son tronc énorme va l'écraser; mais, d'un signe de croix, le péril est conjuré sans retour. Voilà que le pin détaché se redresse et tombe de l'autre côté, menaçant de tout son poids les païens qui s'enfuient de toutes parts. C'en est fait, le paganisme est vaincu, Martin triomphe; de ces arbres sacrilèges abattus partout sur son passage on fait autant de croix, et la croix devient dans toutes les Gaules le signe du salut.

Allez donc visiter les hauts lieux consacrés par les miracles de saint Martin. A côté de la vieille église qui porte son nom, vous trouverez les dernières assises du temple qu'il a abattu, le dernier souvenir des idoles qui se sont écroulées à sa voix, la place des chênes druidiques qu'il a fait tomber d'un signe sur les idolâtres acharnés à sa perte. Quand naquit Martin, les Gaules étaient encore un temple d'idoles où tout était dieu, excepté Dieu lui-même. Quand Martin mourut, les Gaules étaient chrétiennes. Choisissez : ou de croire aux miracles qui leur ont ouvert les yeux, ou de supposer que, par un prodige plus grand encore, cette révolution s'est opérée sans miracles.

Martin pouvait donc mourir, puisqu'il avait chassé l'hérésie des villes et la superstition des campagnes. Il pouvait mourir, sa mission était remplie. Il était allé rétablir la concorde, au confluent de la Loire et de la Vienne, parmi les clercs qui desservaient l'église de Candes, quand il sentit ses forces défaillir. La mort approchait, et le démon n'était pas loin. Cet esprit superbe, qui l'avait suivi dans tout son apostolat, se trouva à son chevet comme pour l'attendre à la dernière heure et lui ravir, s'il était possible, tout le fruit de ses travaux. L'apôtre l'aperçoit : « Que fais-tu là, bête cruelle? Non, tu ne trouveras rien en moi qui t'appartienne. » Mais déjà il s'était tourné vers Dieu et vers ses frères. Il disait à Dieu : « Ils sont rudes les combats de votre milice, et j'ai déjà combattu bien longtemps. Le vétéran qui a blanchi sous les armes soupire après la retraite, mais son courage reste vainqueur des années. Pour moi, je ne refuse pas le travail. Mais si vous avez pitié de mon âge, que votre volonté soit faite! C'est vous qui garderez alors ceux pour qui je tremble et voudrais vivre encore. »

Ainsi le saint ne redoute pas de vivre, mais il ne craint pas de mourir. Les yeux et les mains tournés vers le ciel, il refuse tout soulagement et semble donner à son âme la direction qu'elle doit prendre pour s'envoler d'un trait dans le sein de Dieu même. C'est un dimanche, au milieu de la nuit, qu'il passa d'un monde à l'autre au bruit des célestes concerts. Les anges viennent en chantant chercher cette âme qui montait vers le

Seigneur. La divine musique est entendue par saint Séverin, archevêque de Cologne, et quand, dix jours après, les fidèles de Tours ramenant en triomphe le corps de saint Martin célèbrent dans sa chère cité l'office des obsèques, un autre concert se fait entendre dans les cieux. Saint Ambroise, qui officiait dans sa cathédrale, est ravi en esprit par ces chants harmonieux, et il assiste à la cérémonie funèbre, en mêlant sa voix à la voix des anges; et les hommes et les anges célèbrent ainsi le soldat, le moine, l'évêque, l'apôtre dont nous venons de retracer la vie. Cette vie n'a duré qu'un siècle sur la terre; mais depuis qu'il habite le ciel, voici quinze autres siècles, pleins de bienfaits et de miracles, qui demandent à déposer à leur tour sur le tombeau de saint Martin l'hommage de leur reconnaissance et de leur admiration. Martin vit toujours, il parle encore, il opère encore des prodiges; et jamais mort n'a vécu, parlé, agi d'une manière plus merveilleuse : *Defunctus adhuc loquitur.*

II

L'Église, en célébrant la mort des saints, donne au jour qui les a vus mourir le titre de *dies natalis :* c'est le jour de leur naissance. Ils naissent, en effet, à la gloire, et ils naissent pour ne plus mourir. Mais pendant que leur âme, retournée en Dieu, jouit du bonheur éternel, leur corps, confié à la terre, y germe pour la résurrection future. Il y habite sa seconde demeure jusqu'à ce qu'il soit réuni à l'âme pour s'établir à tout jamais dans la troisième, qui est le ciel : *Secunda domus donec tertia.* Le tombeau qui les garde se change en autel; et ce tombeau, chargé d'offrandes, entouré de pèlerins, fréquenté par toutes les générations, devient la fortune et la gloire de la terre qui le possède.

Tel est le tombeau de saint Martin. Ce ne fut pas sans peine que Tours est parvenu à le garder. Poitiers vous le disputait avant même qu'il fût ouvert pour recevoir la dépouille mortelle de l'apôtre. On a vu la chambre mortuaire de Candes assiégée par les deux provinces, qui venaient réclamer le sacré dépôt. Le Poitou fait valoir les droits de Ligugé, la Touraine ceux de Marmoutiers. Les uns disaient : C'est notre moine; les autres : C'est notre évêque. Dispute touchante qui aurait armé peut-être les deux peuples l'un contre l'autre, si Dieu n'eût envoyé aux Poitevins un sommeil profond pendant qu'ils montaient la garde autour des restes mortels. Leurs rivaux s'en sont à peine aperçus, qu'ils font sortir le corps par une fenêtre et le déposent dans une barque. En quelques secondes la barque a pris le large, en quelques heures elle arrive à Tours, et vos ancêtres, victorieux, vont jouir jusqu'à la fin des siècles de saint Martin et de sa gloire.

Regardez maintenant ce tombeau fameux. Il devient aussitôt dans les Gaules le lieu sacré vers lequel se tournent les yeux, les mains, les pas de tous les peuples. C'est là que viennent prier les saints, là que les rois veulent prendre conseil, là que se traitent les grandes affaires. Sainte Geneviève n'a délivré Paris des fureurs d'Attila qu'après s'être prosternée au tombeau de saint Martin. Clovis ne s'est décidé à recevoir le baptême qu'après être venu chercher à Tours la lumière et la force dont il avait besoin pour accomplir le vœu de Tolbiac. Il reviendra dix ans après, ce roi franc dont saint Martin a fait le premier roi très chrétien. Il reviendra, suivi d'une nombreuse armée, pour aller conquérir sur les ariens le midi de la France; car sa foi ne peut supporter qu'un si beau pays demeure aux mains des hérétiques. Il punira de mort le soldat qui a dépouillé d'un peu d'herbe le paysan placé sous le patronage de l'apôtre. « Où sera, s'écrie-t-il, l'espoir de la victoire, si nous offensons saint Martin ? » Il enverra ses lieutenants dans la basilique pour y offrir ses présents. Quel heureux présage rapportent ses envoyés ! Au moment même où ils sont entrés dans le lieu saint, les prêtres chantaient en chœur : « Seigneur, vous m'avez ceint de la force pour le combat, et vous avez tourné le dos à mes ennemis. » Fortifié et enhardi par ces paroles, Clovis va livrer la bataille de Vouillé, étend jusqu'aux Pyrénées les limites de son royaume, et achève 'unité politique des Gaules autour du tombeau de saint Martin.

C'est là qu'il prend les insignes du consulat, qu'il orne sa tête du diadème, et que la monarchie française est définitivement fondée. Le tombeau de saint Martin est comme un trône où trois dynasties vont s'asseoir pendant quatorze siècles pour dominer l'univers.

Mais il sera aussi l'asile de la douleur, le refuge de la pénitence, le palais de la charité. Clotilde en fait le lieu de sa retraite, et c'est là qu'elle verse ces larmes dont les yeux des reines et des princesses sont encore plus remplis que ceux des femmes du peuple. C'est là que les rois viennent s'accuser et se repentir de leurs fautes. Clotaire Ier y vient en pèlerin, et il s'écrie à son lit de mort : « Quel est donc le roi du ciel qui fait ainsi mourir les rois de la terre? » Les Chilpéric et les Brunehault suivent la même tradition. Charlemagne l'emprunte à la première race et la transmet à toute sa postérité avec l'exemple de la vénération et de la générosité envers le saint tombeau. Mais, dans les seigneurs qui accompagnent ici ses descendants, on peut déjà voir poindre les héros de la troisième race : c'est Eudes, c'est Robert le Fort, c'est Hugues Capet qui s'asseoit sur le trône des Francs après avoir invoqué l'apôtre des Gaules. Louis le Gros salue dans saint Martin le protecteur de son royaume, et Suger, son ministre, vient lui dire adieu pour le remercier des bonnes inspirations qu'il en a reçues. Citer les héros des croisades, c'est citer les pèlerins de Tours : Philippe-Auguste, Richard Cœur-de-Lion, saint Louis', qui fait bénir ici ses premières armes et qui veut ici laisser ses dernières offrandes avant d'aller mourir devant Tunis. Les Valois les plus fameux, Louis XI, Charles VIII n'ont eu garde d'omettre ce pèlerinage, à la suite de Jeanne d'Arc, qui l'avait fait pour obtenir la grâce de rendre à Charles VII la couronne de France. C'est sous la chappe de saint Martin qu'Henri IV inaugure la dynastie des Bourbons, que Louis XIII la continue, et que Louis le Grand l'élève au comble de la gloire. Ils recevaient à Reims le sacre des rois, ils prenaient à Tours le manteau de la valeur et de la piété. Mais ce vieil étendard, plus ancien que l'oriflamme de Saint-Denis, a passé les monts et les mers. Dans la fameuse bataille de Lépante, saint Martin à cheval brillait sur les drapeaux du vainqueur ; Sobieski le porta en marchant sur les

Turcs; sur terre comme sur mer, Mahomet est battu par saint Martin, et les musulmans reculent devant la sainte image qui a été bénie sur son tombeau.

D'où vient cette popularité et cette confiance, sinon des miracles qu'opère le tombeau de saint Martin et de la vertu qui sort des pierres qui le recouvrent? Cette vie nouvelle, cette puissance miraculeuse a fait le désespoir des méchants, la consolation des bons, l'entretien de toute la chrétienté. Tout ce qui a touché au saint tombeau revêt un caractère surnaturel. L'huile qu'on y dépose guérit les malades, purifie le sol, et se renouvelle d'elle-même, sans décroître jamais dans le vase qui l'a reçue. La cire qu'on y brûle ne se consume pas, et elle opère les mêmes prodiges. Des morceaux d'étoffe prennent au contact des reliques une vertu qui passe les mers, franchit les montagnes, et va guérir les malades jusqu'au fond de la Galicie. Martin apparaît, dans toutes les parties du monde habité, aux indigents, aux voyageurs, aux malheureux qui l'implorent avec foi; et, quand ils ont été assistés miraculeusement dans leur pauvreté, dans leurs périls ou dans leurs afflictions, ils viennent, humbles pèlerins, s'agenouiller au saint tombeau et y déposer leurs offrandes.

Ce n'est pas tout : Martin, qui avait été, pendant qu'il habitait la terre, si secourable aux prisonniers et aux condamnés, continua à les secourir du haut du ciel. Semblable à Jésus, il écoute les prières d'un voleur que l'on vient de pendre; mais c'est pour lui rendre la vie sur son gibet. Les pieds et les mains du coupable se délient, et il vient lui-même à l'église remercier son bienfaiteur. Un saint qui assistait ainsi les coupables pouvait-il refuser son secours aux innocents? Il délivre du dernier supplice une jeune fille que ses maîtres avaient enchaînée, et l'humble prisonnière vient lui rendre grâce à la basilique. Grégoire de Tours compte à chaque fête les aveugles à qui le saint a rendu la vue, les paralytiques dont il a redressé les membres, les énergumènes et les possédés qu'il a arrachés au démon. Le célèbre historien compare les uns aux autres les miracles que saint Martin a faits pendant sa vie et après sa mort, et conclut en ces termes : « S'il existe encore quelque homme infidèle et jaloux qui refuse de croire aux premiers, qu'il vienne à la basilique, il verra tous les jours des prodiges, et les nouveaux confirment les anciens. »

Mais voici que les barbares descendent des mers du Nord et se répandent, comme un torrent qui entraîne tout, dans les provinces de la Gaule. Paris est assiégé, Amboise est devenu la proie des flammes, Tours se voit investi de toutes parts. Déjà les remparts s'écroulent, et les soldats qui les gardent vont lâcher pied. Cependant les clercs se rassemblent, entourent le tombeau de leur défenseur et l'adjurent de les délivrer. « Saint de Dieu, s'écriaient-ils, montre-nous ta bonté ordinaire. Toi qui as fait tant de miracles pour les étrangers, fais-en du moins un pour les tiens. Nous allons tomber au pouvoir des païens, nous allons être emmenés en captivité, et tu feins d'ignorer nos périls. Délivre-nous, de grâce; autrement nous périrons, et ta ville sera réduite en solitude. » Et là-dessus, ils ouvrent le tombeau, ils prennent le saint, et le placent en sentinelle au-dessus d'une porte qui allait tomber sous les coups de l'ennemi. Aussitôt tout change de face. Les Danois sont frappés de stupeur, et les Tourangeaux pousuivent les fuyards, les écrasent et les dispersent. On dirait la poudre et la paille légère que le vent chasse devant lui. Revenez, soldats de saint Martin, ramenez votre chef en triomphe, on bâtira une église au lieu même où s'arrêtera ce corps victorieux, on l'appelera Saint-Martin-de-la-Guerre; on fêtera jusqu'à la fin des siècles dans l'Église de Tours ce secours si opportun que nos ancêtres appellent, dans leur langue à demi latine, la *subvention* de saint Martin.

Après Hastings et ses Danois, Rollon et ses Normands. Le saint a prévenu ces nouveaux ennemis du nom chrétien, en déchaînant la Loire autour de vos murs pour en fermer l'accès aux barbares. Mais les invasions se succèdent, la confusion est partout, et saint Martin n'est plus en sûreté. Il sortira donc de ces murs condamnés au pillage, et pendant que les Normands ruinent cette basilique tout étincelante de marbre, de cristaux et de porphyre, Martin allait reposer d'abord à Chablis, à Orléans, puis à Auxerre, sous la garde des moines qui le transportaient d'une ville à une autre en chantant ses louanges.

Cependant, partout où passe saint Martin, les prodiges

éclatent sur ses pas, et quand il fixe quelque part son séjour, la cité qu'il adopte devient aussitôt illustre par les guérisons qu'il y opère. Auxerre possédait les reliques de saint Germain. Lequel des deux saints sera désormais le plus puissant en œuvres? Un lépreux en décidera. Mais non, la chose demeurera indécise; car le malade, en s'approchant de Martin, n'est sorti de cette épreuve qu'à moitié guéri : c'est Germain qui rendra la santé à l'autre moitié de son corps. Ainsi les deux saints partagent, en frères, la gloire de ce miracle. Mais quand, après trente-sept ans d'absence, il est enfin donné aux habitants de Tours d'aller chercher leur thaumaturge et de le ramener dans son tombeau, quelle joie, quelles acclamations, quelles merveilles, quels triomphes! Les comtes et les évêques portaient le corps du saint, et les moines se relayaient de ville en ville pour venir à sa rencontre. A droite et à gauche du cortège, tous ceux qui souffraient de quelque maladie sont guéris même sans le demander. Deux paralytiques, à qui il en coûtait moins de vivre de l'aumône que du travail de leurs mains, tremblent de recouvrer, au passage des saintes reliques, l'usage de leurs membres. Ils veulent fuir, ils se traînent, mais la puissance de Martin les poursuit et les dépouille de leur infirmité. La nature elle-même se mit en fête. En dépit de l'hiver les arbres se couvrent de feuilles, et les prés se parent des fleurs du printemps. Les cloches sonnent, sans que la main de l'homme les mette en branle; les cierges et les lampes s'allument d'eux-mêmes sur les autels. Ainsi parlent les chroniques du temps, ainsi célèbre-t-on ce qu'elles appellent la *reversion* de saint Martin.

Au milieu des fêtes de ce miraculeux retour, Hildrès, évêque de Liège, à demi dévoré par un cancer affreux, arrive à Tours suivi de clercs et de soldats, pour solliciter la guérison d'une plaie incurable. Il jeûne, il prie, il répand jour et nuit l'abondance de ses larmes, prosterné, la face contre terre, devant le saint tombeau. La septième nuit Martin lui apparaît, la mitre en tête et la crosse à la main. Il touche du bout de son bâton pastoral la plaie du prélat, la plaie se referme, le malade se lève, et toute la ville, témoin du miracle, retentit des acclamations de la foule : « Non, s'écrie-t-elle, il n'y a pas de saint dont la puissance soit comparable à celle de Martin. » Après les évêques, voici les papes qui viennent le reconnaître et l'implorer. Urbain II en ouvre la liste. Il sortait de Clermont, où il avait prêché la première croisade; il visita la basilique, y assembla un synode, et s'y fit ceindre la tête d'une couronne de palmes, selon l'ancienne manière des pontifes romains. Ses successeurs sont comme lui des pèlerins du saint tombeau. Pascal, Calixte, Innocent II, y viennent prier la tiare en tête. Alexandre III, à qui un antipape la dispute, vient se faire couronner à Tours, comme pour ajouter à son élection le suffrage de saint Martin, et vous savez s'il la porta avec gloire pour le bonheur de toute la chrétienté. Dans le siècle suivant, c'est votre basilique elle-même qui donne un pape à l'Église. Martin IV porte sur le siège de saint Pierre le nom du grand thaumaturge, et comme s'il eut gardé avec lui le secret de faire des miracles, son tombeau rappelle à Rome tous les prodiges qui s'étaient opérés à Tours.

Je ne vous décrirai pas les processions magnifiques qui ont signalé dans cette cité la fête de saint Martin. Les rois de France, d'Angleterre et de Jérusalem s'y disputaient la première place; les évêques accouraient de toutes les parties du monde; les prêtres s'y comptaient par milliers; les peuples, groupés sur les rives de la Loire, remplissaient toute la contrée de leurs chants et de leurs acclamations. Mais que sont les plus belles processions de la terre en comparaison des processions du ciel! Les saints religieux, les saints évêques à qui il fut donné de les voir, au milieu du silence de la nuit et de l'extase de la prière, pendant qu'ils veillaient auprès du tombeau, ont aperçu Martin à la tête des pontifes et des moines, tout resplendissant de gloire; ils ont entendu des anges chanter à ses côtés, et lui-même, servant de guide à ce chœur immortel, chantait plus haut que tous les autres ces hymnes divins que Dieu lui-même daignait écouter en inclinant vers lui l'oreille de sa miséricorde et de son amour. Et, comme pour confirmer la sainte apparition, le lendemain les prodiges se multipliaient sur la terre, le saint tombeau rayonnait d'une nouvelle gloire, l'humanité souffrante était soulagée par de nouveaux bienfaits.

Après tant de miracles, qui pourrait s'étonner de la popularité de saint Martin? On les raconte partout, et tous les beaux esprits, tous les historiens des Gaules s'en font les propagateurs et les panégyristes. Paulin de Nole est le premier qui les vante. Il en a fait la douce expérience, puisqu'il a recouvré la vue, grâce au thaumaturge, qui, rien qu'en touchant ses yeux, a dissipé les ténèbres dont ils étaient voilés. Sulpice-Sévère fait de ces prodiges le sujet d'un livre, qui rappelle les histoires de Salluste parmi les anciens, les livres d'Esther et de Tobie parmi les livres de l'Écriture, tant il y a de grâce et de piété, tant il y a de force et de précision dans cet admirable ouvrage. Fortunat trouve dans le même sujet la matière d'un poème. Grégoire de Tours recueille toutes les traditions et ajoute au témoignage du passé son propre témoignage, car il a vu autour du saint tombeau les sourds entendre, les muets parler, et les paralytiques recouvrer l'usage de leurs membres. Sulpice-Sévère, Paulin, Fortunat, Grégoire sont les oracles de leur siècle et les témoins des merveilles qu'ils chantent avec tout l'enthousiasme de la poésie ou qu'ils racontent avec toute l'authenticité de l'histoire.

Mais s'il faut citer d'autres preuves, plus décisives et plus abondantes, c'est l'univers entier qui les fournit. Martin en est devenu le patron, tant son patronage est efficace, tant les méchants le redoutent, tant les bons l'implorent, tant il est cher à toute la chrétienté. Comptez, si vous le pouvez, les églises placées sous ce glorieux vocable. La France seule en a plus de trois mille. L'Espagne et l'Italie en ont vu s'élever sous leur brûlant soleil, comme l'Angleterre et la Hollande sous les brumes épaisses qui les couvrent. On les rencontre le long du Rhin et du Danube, dans tout l'Orient comme dans tout l'Occident. Quand les îles du nouveau monde apparaissent aux regards de Christophe Colomb, c'est à saint Martin qu'il rapporte l'honneur de sa découverte, et la Martinique, baptisée de son nom, ouvre sous ses auspices le chemin des mers à tous les navigateurs.

Ce nom est une bénédiction. Où ne le trouve-t-on pas? Toutes les langues se l'approprient, tous les peuples le mêlent à leurs affaires et à leurs entreprises, et ils en marquent, comme d'une empreinte sacrée, leurs usages et leurs lois. Les actes de la vie civile, les marchés publics, les grandes réunions du commerce et de l'industrie, l'ouverture des tribunaux et des écoles, l'échéance des billets, les fêtes populaires : tout parle de saint Martin. Si le soleil luit à travers les brouillards de novembre, c'est saint Martin qui nous ramène pour quelques jours encore les douces chaleurs de l'été. Il a changé l'eau en vin comme Jésus aux noces de Cana, et c'est pourquoi on appelle sur la vigne sa toute-puissante protection. Il a fait couler des fontaines dans des lieux arides, et c'est pourquoi tant de fontaines portent ce nom béni et vénéré. Il est le patron des soldats, des cavaliers, des voyageurs, des hôteliers, des pauvres surtout. Sa charité incomparable lui a valu, d'un bout du monde à l'autre, une innombrable clientèle, qui se renouvelle de génération en génération et qui, selon l'expression pittoresque de Grégoire de Tours, a fait de lui le patron spécial de l'univers entier. Notre-Seigneur Jésus-Christ a donné son nom à l'ère nouvelle, et c'est de sa naissance que tous les peuples modernes ont daté désormais les jours, les mois et les ans. Mais, dans l'année chrétienne, personne n'a servi plus que saint Martin à marquer d'un souvenir pieux les saisons, les mois et les jours, les espérances du laboureur et du vigneron, les souhaits heureux, les souvenirs et les anniversaires de la famille et de la patrie. « Les hommes et les choses, dit l'un de ses plus récents historiens, se le sont disputé comme un honneur; les trois règnes de la nature se le sont partagé comme une bénédiction [1]. » Reconnaissez à tant de signes le grand thaumaturge; avouez qu'à défaut de l'histoire ces miracles apparaîtraient encore, dans tout leur éclat, dans la mémoire des nations, et que, vivant ou mort, il est toujours le même, l'homme de Dieu et l'homme du peuple, qui ne cesse d'intercéder auprès de Dieu en faveur du peuple et d'obtenir pour nous grâce et miséricorde : *Hic est qui multum orat pro populo et pro universa civitate.*

Que le démon, qui n'avait rien pu sur lui pendant sa vie, ait

[1] M. Lecoy de la Marche.

essayé d'attaquer après sa mort son tombeau et ses reliques, n'en soyons pas surpris. Il a pu, dans les guerres à laquelle la religion servait de prétexte, armer les Français les uns contre les autres, ouvrir la châsse de saint Martin, enlever son corps et le livrer aux flammes ; mais, à côté de la trahison qui abandonne le sacré dépôt, la piété veille, et les saintes reliques échappent en partie au bûcher qu'allume l'hérésie. Il est trop tard pour attaquer saint Martin. A défaut de ses reliques, il resterait son nom, et ce nom seul est toujours vivant, toujours puissant, toujours cher à l'univers entier.

Il reviendra cet ennemi de Martin et de tout le genre humain, il reviendra à la tête des révolutionnaires, comme il était venu à la tête des hérétiques. Encore une page à déchirer dans les annales de la ville de Tours! Mais non, conservons-la, car elle honore la fidélité de vos pères. Quand, vers la fin de cette année fatale qui commença par l'échafaud de Louis XVI, la châsse de saint Martin fut dépouillée de ses richesses, c'est un sonneur, gloire à sa foi! ce sont deux femmes, gloire à leur courage! qui ont arraché à l'avidité des persécuteurs ces derniers restes du saint échappés à la fureur de la réforme : ce bras, qui avait tant de fois commandé et béni ; cette tête, qui avait médité et accompli la conversion des Gaules. Les saintes reliques sont sauvées, mais on s'acharne sur la basilique. On en fait un bivouac, le bivouac se change en écurie ; mais les chevaux n'en peuvent plus, il faut leur chercher un autre séjour : car une étrange lumière éclate sous ses voûtes. On se demande d'où vient l'inquiétude de ces animaux qui refusent de se reposer ; ont-ils entrevu le cavalier d'Amiens, et la noble monture qui a porté le saint veut-elle le venger des outrages des hommes? Il faut donc démolir ces murs qui s'indignent et qui protestent. Tout croule, excepté la tour de Charlemagne et la tour du Trésor. Le démon a fait son œuvre, mais Martin reviendra après le démon ; il reviendra et il recommencera la sienne. J'entends le héros de Marengo, l'auteur du Code civil et du concordat, s'exprimer avec un profond dégoût sur cette destruction. Il refuse de visiter la cité. Il s'écrie : « Que peut-on faire pour une ville qui a laissé détruire l'église de saint Martin? »

Ce qu'on peut faire, ô conquérant, c'est de se repentir, c'est de rebâtir l'édifice, c'est de recommencer encore, c'est de recommencer toujours. Non, il n'est pas trop tard pour entreprendre ce grand ouvrage, car Dieu vous a donné un signe auquel vous pouvez reconnaître que les jours de miséricorde sont arrivés et qu'il faut reprendre la pelle et la pioche pour relever votre ville d'une grande disgrâce.

C'était beaucoup d'avoir préservé les saintes reliques après tant d'incendies, de pillages et de profanations. Mais on demeurait incertain sur la place même qu'occupait le saint tombeau, et la moitié de notre siècle s'écoula avant qu'on pût la retrouver. Vous savez par quel hasard heureux cette place bénie apparut aux regards en 1860, comment l'érudition la vérifia, quelles preuves authentiques elle mit sous les regards les plus difficiles, et quelle espérance s'empara de M. Dupont, le saint homme de Tours, quand au-dessus du tombeau retrouvé le cardinal Guibert proposa le rétablissement d'une basilique. M. Dupont était le saint de votre cité ; le cardinal avait dans l'Église de France une autorité qui allait grandir encore sur un autre siège. Mais son nom demeurera inséparable de la gloire de saint Martin, car il a quêté dans les deux mondes pour la restaurer. Le désir du saint homme de Tours est exaucé, l'appel du grand prélat est entendu : saint Martin aura sa quatrième basilique. Mais Dieu appelait Mgr Guibert à un ouvrage plus merveilleux encore. Il faut qu'il monte sur le trône de saint Denis, qu'il aille bâtir sur les hauteurs de Montmartre un temple au Sacré-Cœur, et qu'il écrive sur le frontispice la devise qui doit constater, avec la date du XIXe siècle, la piété de la France pénitente : *Gallia pœnitens et devota.* Ici il avait accumulé les offrandes avant de les employer ; là il en fait l'emploi à mesure qu'on les lui présente, et tandis que la basilique de saint Martin attend encore sa première pierre, celle du Sacré-Cœur s'élève d'assise en assise au-dessus de cette capitale fameuse, qu'elle ne dominera que pour l'éclairer, la consoler et la bénir.

A la veille du jour où l'on en fera la bénédiction solennelle, comment ne pas dire ici qu'il est temps de commencer à Tours la basilique de saint Martin? Et si, pour en presser l'exécution, il faut emprunter un témoignage à l'histoire même du grand apôtre, écoutez cette page du XIe siècle, elle semble dater d'aujourd'hui.

La troisième basilique élevée dans vos murs en l'honneur du saint était tombée en ruines au milieu des invasions des Normands; l'an mille approchait, et l'on hésitait à relever l'édifice. Mais l'an mille passa, et le monde, qui avait été saisi d'une folle terreur en s'imaginant que cette année-là serait celle du dernier jugement, se remit à espérer, à semer, à bâtir avec une nouvelle ardeur. A la tête des nouvelles basiliques figure celle de saint Martin. Ce fut Hervé qui la bâtit, et elle dura huit siècles. Huit ans avaient suffi pour achever ce grand ouvrage, tant la piété animait les ouvriers, tant la munificence publique leur fournissait de matériaux. Le saint avait daigné sourire au restaurateur de sa basilique. Il lui apparut, la veille de la dédicace, dans un nuage resplendissant de lumière, et comme Hervé lui demandait de faire un miracle pour approuver son entreprise : « Sache-le, mon fils, répondit Martin, tu peux obtenir de Dieu de plus grandes grâces que celle que tu sollicites. Les miracles ne sont point nécessaires dans le siècle où tu vis, et le souvenir des anciens doit suffire à la conversion du peuple. Exhorte-le à la pénitence, et sois sûr que je ne cesse pas d'implorer pour lui la miséricorde de Dieu. Pour toi, mon fils, achève ton ouvrage, et sois persuadé qu'il est très agréable à Dieu. »

Ce trait, Monseigneur, s'applique à vous-même, et au retour de ce voyage de Rome où le pape a approuvé vos vues, nous pouvons bien vous saluer comme un autre Hervé. Il ne saurait plus rester à personne le moindre doute sur l'opportunité de l'entreprise. Saint Martin demande son église : c'est vous, Monseigneur, qui la lui donnerez. Après tant de beaux ouvrages consacrés à la défense des saintes Écritures, voici un ouvrage plus grand encore qui assurera à votre nom, encore mieux que tous les autres, les honneurs de l'immortalité. Vous n'hésitez plus, et toute la catholicité vous en remercie; vous n'attendez plus, et je vous en félicite au nom de vos frères dans l'épiscopat. Il y a trente ans bientôt que les offrandes se sont accumulées dans les mains des archevêques de Tours, et les généreux dona teurs se demandaient s'ils devaient tous mourir avant d'avoir vu sortir de terre cette basilique promise à l'apôtre des Gaules. Plus les ténèbres descendent autour de nous, plus nous avons le devoir de protester contre les espérances des méchants en bâtissant avec ardeur. A l'ouvrage! à l'ouvrage! Forçons le Seigneur à nous bénir et à confondre ses ennemis. Ce n'est pas l'an mille qui nous menace avec ses vaines terreurs, c'est l'impiété avec toutes les ligues qu'elle inspire, toutes les écoles qu'elle élève, tous les discours qu'elle tient en annonçant sa victoire prochaine et définitive sur le christianisme. Eh bien! que saint Martin nous vienne en aide : que les nouveaux ariens qui peuplent nos villes soient déçus dans leur orgueil; que le paganisme dont votre patron a délivré nos campagnes renonce à l'espoir de les envahir encore; le siècle ne s'achèvera pas, j'en ai la confiance, sans que le nouveau sanctuaire ne proclame bien haut, dans les murs de cette cité, la gloire de saint Martin, la foi des Gaules, la générosité de l'univers entier.

Quel merveilleux spectacle offre aujourd'hui la cité de saint Martin! Douze mille pèlerins ont visité ce matin même le saint tombeau. Ils ont vu creuser tout autour les fondements de la nouvelle basilique. Il faut descendre jusque dans les profondeurs d'un sol détrempé par les eaux. Il faut rejeter les terres désormais incapables de consistance et chercher l'endroit solide où l'on posera la première pierre. Mais quelle émulation, quelle piété parmi les ouvriers! Comme les bénédictions de Léon XIII animent et sanctifient tout l'ouvrage! Au-dessus des puits et des machines, le tombeau, si heureusement retrouvé, émerge du fond des eaux, parmi la verdure et les fleurs dont vous l'avez paré. C'est l'image de la foi qui refleurit et de la piété qui renait, c'est le présage d'un culte nouveau, c'est le printemps d'une autre ère, non moins féconde en miracles que les seize siècles dont nous avons retracé l'histoire. J'emporterai comme un saint souvenir une fleur cueillie dans le jardin de saint Martin : c'est la fleur de la charité et de la pénitence, c'est la fleur de la vigilance et du zèle. Le miracle que nous attendons avec Mgr l'Archevêque de Tours, c'est le miracle qui fut promis à Hervé, c'est la conversion de notre peuple. Martin l'a affirmé, nous sommes sûrs que le bras charitable de ce soldat n'est pas raccourci dans le ciel, que la prière de ce moine est encore plus agréable à Dieu, maintenant qu'il la chante dans la langue des anges; que la vigilance de cet évêque, enflammée par les ardeurs des séraphins, s'exercera avec plus d'amour encore en faveur de nos diocèses, et que l'apôtre des Gaules, regardant avec bienveillance la quatrième basilique élevée en son honneur, obtiendra à force d'intercession la grâce de l'Église, de la France et de la cité. *Hic est qui multum orat pro populo et pro universa civitate. Sancte Martine, ora pro nobis.* Ainsi soit-il.

17697. — Tours, impr. Mame.

www.ingramcontent.com/pod-product-compliance
Ingram Content Group UK Ltd.
Pitfield, Milton Keynes, MK11 3LW, UK
UKHW022144260726
13993UKWH00005B/2138